DU TAUX

DE

L'ENREGISTREMENT

EN MATIÈRE

DE VENTES DE BIENS

APPARTENANT

A DES ÉTABLISSEMENTS PUBLICS

PAR

P.-J. ITIER,

AVOCAT A LA COUR D'APPEL DE MONTPELLIER

PARIS

ANCIENNE LIBRAIRIE THORIN ET FILS

ALBERT FONTEMOING, Editeur

Libraire du Collège de France, de l'École Normale Supérieure,
des Écoles françaises d'Athènes et de Rome
de la Société des Etudes historiques

4, RUE LE GOFF, 4

1897

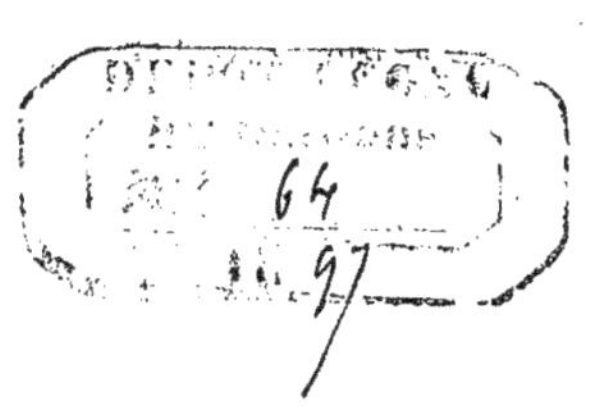

DU TAUX

DE

L'ENREGISTREMENT

EN MATIÈRE DE VENTES DE BIENS

APPARTENANT A DES ÉTABLISSEMENTS PUBLICS

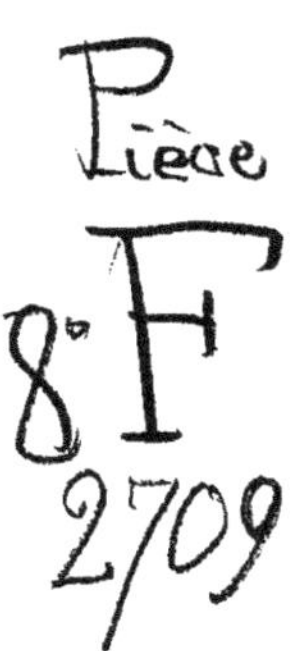

Extrait de la *Revue générale du droit.*

TOULOUSE. — IMPRIMERIE A. CHAUVIN ET FILS, RUE DES SALENQUES, 28.

DU TAUX

DE

L'ENREGISTREMENT

EN MATIÈRE

DE VENTES DE BIENS

APPARTENANT

A DES ÉTABLISSEMENTS PUBLICS

PAR

P.-J. ITIER,

AVOCAT A LA COUR D'APPEL DE MONTPELLIER

PARIS

ANCIENNE LIBRAIRIE THORIN ET FILS

ALBERT FONTEMOING, Editeur

Libraire du Collège de France, de l'École Normale Supérieure,
des Écoles françaises d'Athènes et de Rome
de la Société des Etudes historiques

4, RUE LE GOFF, 4

—

1897

DU

TAUX DE L'ENREGISTREMENT

EN MATIÈRE DE VENTES DE BIENS

APPARTENANT A DES ÉTABLISSEMENTS PUBLICS

Dans un article précédent (1), nous avons essayé de démontrer que les Facultés de l'Etat, bien que revêtues d'une *personnalité civile distincte*, conservent leur caractère d'établissements publics et doivent, à ce titre, être exemptées des droits de mutation pour les libéralités dont elles sont l'objet, en vertu du principe découlant du § 2 de l'article 70 de la loi du 22 frimaire an VII, et qui s'énonce ainsi :

A enregistrer gratis : 1° *les acquisitions et échanges faits par la République ; 2° les partages de biens entre elle et des particuliers et tous autres actes faits à ce sujet.*

Et peu de temps après, une circulaire ministérielle (2) venait

---

(1) *Les dons et legs faits aux Facultés de l'Etat sont-ils assujettis au payement des droits de mutation ? — Les legs Bouisson*, par M. Itier, avocat à la Cour d'appel de Montpellier, conseiller général des Hautes-Alpes (*Revue générale du droit*, t. XIX, 1895, p. 5).

(2) La circulaire du Ministre de l'instruction publique du 10 avril 1895 s'exprime ainsi :

« Monsieur le Recteur,

» Jusqu'ici, différentes questions d'ordre financier se rattachant à la personnalité civile des Facultés et corps de Facultés (impôt, droit de timbre et
» d'enregistrement), en particulier celle des droits de mutation à titre gratuit
» ou onéreux, n'avaient pas été résolues d'une façon formelle. Sur ma proposition, une commission mixte, composée de représentants de mon département et du Ministère des finances, a été chargée de l'étude desdites questions.

» Aux termes du rapport récemment présenté et dont j'ai approuvé les conclusions, la commission a proposé de reconnaître que les Facultés et corps
» de Facultés jouissent, comme les Lycées, pour les actes de leur vie civile,
» des immunités réservées à l'Etat, ainsi qu'aux établissements qui en dépen-

trancher, dans le sens de notre thèse, cette question nouvelle et si importante pour l'avenir de l'enseignement en France.

Dès cette époque, une autre préoccupation s'élevait dans notre esprit, et nous nous demandions quelle serait, au point de vue de l'enregistrement, la solution à donner à un problème découlant du premier. Si par exemple, au lieu d'*acquérir* ou de *recevoir des libéralités,* l'Etat ou un établissement qui le représente voulait *aliéner* des biens composant son domaine particulier.

Il semblait logique de supposer, *à pari,* que là encore, les biens vendus par l'Etat devaient bénéficier d'un régime spécial en matière d'enregistrement.

Nous ne nous trompions pas, et ce principe général se trouvait également déposé dans la loi du 22 frimaire an VII, dont l'article 69, § 7, 3ᵉ alinéa, s'exprime ainsi : *La quotité du droit d'enregistrement des adjudications des domaines nationaux sera réglée par des lois particulières.*

Nous savions aussi que dans les ventes administratives de biens domaniaux, au lieu du droit ordinaire de vente entre particuliers qui est de 5 fr. 50 %, l'article 6, paragraphe dernier de la loi du 15 floréal an X, fixait ce droit à 2 % dans les termes suivants : *Les adjudicataires seront tenus de payer le droit d'enregistrement dans les vingt jours de l'adjudication, à raison de 2 %. Tous autres frais de vente demeurent à la charge de la République.*

Nous savions enfin que ce taux avait été maintenu par l'article premier de la loi du 1ᵉʳ juin 1864, toujours en vigueur.

Mais on n'avait pas encore dégagé les divers principes de ces lois, et il était permis de se demander si les dispositions

» dent, et spécialement qu'ils sont affranchis du payement des droits de mu-
» tation sur les libéralités qu'ils recueillent par donations ou testaments.

» A la date du 2 avril courant, M. le Président du Conseil, ministre des
» finances, a également adopté ces conclusions. En m'informant de sa décision,
» M. Ribot ajoute qu'il l'a, en outre, immédiatement notifiée à la Direction
» générale de l'enregistrement et du timbre.

» Je vous prie de donner, dans le plus bref délai, avis de ces dispositions à
» MM. les Doyens ; vous voudrez bien, de votre côté, en prendre note pour ce
» qui concerne tous les actes et documents relatifs à l'administration des corps
» des Facultés.

» Recevez, etc.,

» Poincarré. »

de la loi de l'an X étaient applicables à une vente de biens faite par un établissement public, *dans tous les cas*, et notamment dans des conditions telles qu'il fallait avoir recours à une vente judiciaire par suite de circonstances particulières.

Une occasion s'offrit à nous d'étudier à fond la question (1).

Il était d'ailleurs intéressant de voir confirmer, par une décision de justice (2), le principe admis par la circulaire ministérielle sur ce point : que les établissements publics, bien que revêtus d'une personnalité civile distincte, se confondent avec l'Etat, et qu'en conséquence, les biens qu'ils acquièrent comme ceux qu'ils aliènent, gardent toujours *le caractère de biens domaniaux*.

Le droit spécial de 2 °/₀ est-il applicable aux ventes judiciaires comme aux ventes administratives, dans le cas notamment où l'établissement public vend des immeubles recueillis

(1) En 1892, M. Estrade Delcros décédait à Perpignan, léguant l'universalité de ses biens à l'Institut de France, pour être partagés, par portions égales, entre les cinq Académies le composant, et servir à fonder des prix. L'Institut fut autorisé, par décret de M. le Président de la République, en date du 15 mai 1893, à accepter cette succession sous bénéfice d'inventaire, par suite de l'existence d'hypothèques grevant certains immeubles du *de cujus*.

Le Tribunal civil de Perpignan ordonna que l'adjudication aurait lieu à la barre du Tribunal, et que les mises à prix seraient baissées de moitié. La Cour d'appel de Montpellier, par arrêt du 1ᵉʳ août 1893, réformant le jugement, a renvoyé l'adjudication devant Mᵉ Rolland, notaire à Perpignan, sur les mises à prix fixées dans la requête introductive d'instance. Aux enchères, MM. Vallarino, Talairach et Vidal ont été déclarés acquéreurs de divers immeubles qui ont atteint le prix total de 764,560 francs. Il a été perçu sur ces ventes, au total, pour l'enregistrement :

Pour le droit à 5 fr. 50	42,061,80
Taxe à 0 fr. 25 °/₀.	1,911,90
Décimes.	10,994,18
Total.	54,967,88

En cet état, MM. Vallarino et consorts ont attaqué l'Administration de l'enregistrement en restitution des droits indûment perçus, s'élevant à 35,848 fr. 13, en se basant : 1° sur ce qu'il ne s'agissait pas, en l'espèce, de ventes de biens appartenant à des particuliers et soumises au droit de 5 fr. 50 °/₀, mais de biens domaniaux passibles du droit unique de 2 fr. °/°.

C'est du mémoire que nous avons rédigé à cette occasion que nous extrayons cette étude.

(2) En ce sens, M. Albert Wahl, *Le régime fiscal des dons et legs faits à l'Etat, aux départements, aux communes et aux établissements publics ou d'utilité publique* (*Revue de droit public et de la science politique*, t. III, 1895, p. 226).

dans une succession qu'il n'a été autorisé à accepter que sous bénéfice d'inventaire? c'est ce que nous démontrerons.

Il doit encore découler de cette discussion qu'en dehors du droit de 2 %, *aucun autre droit* n'est dû par l'acquéreur, et que par exemple la taxe de 0 fr. 25 %, édictée par la loi du 26 janvier 1892, qui frappe les adjudications d'immeubles renvoyés devant notaire commis par décision de justice, n'est pas applicable aux ventes faites par l'Etat, qui sont régies par des lois spéciales.

Les motifs invoqués à l'appui de la demande dirigée contre l'enregistrement présentent encore un intérêt historique en même temps que juridique. Ils permettent de se pénétrer des motifs économiques qui ont guidé le législateur pour établir un droit modéré et exceptionnel en matière de ventes de biens domaniaux.

Ils peuvent donc donner la clef d'autres décisions en cette matière (1) et rendre service aux personnes placées à la tête des établissements publics, recteurs, doyens, etc., à tous ceux, acquéreurs, notaires et avoués qui ont à se préoccuper des clauses des cahiers des charges relatives aux droits d'enregistrement qu'entraîne une vente de biens domaniaux. C'est à ces divers points de vue que nous avons cru intéressant de publier cette étude.

Pour suivre un ordre méthodique, nous examinerons d'abord quelle est la nature du droit de propriété de l'Etat en général, quels sont par suite les différents biens dont il est propriétaire.

Après avoir rappelé ce qu'est l'Etat, nous établirons que les établissements publics se confondent avec l'Etat, dont ils sont la manifestation et les organes nécessaires.

Plus tard, nous démontrerons, en tant que cela serait utile, que l'Institut de France jouit au plus haut point du caractère d'établissement public, et par conséquent de représentant de l'Etat.

Ces bases générales posées, nous réfuterons la théorie de

---

(1) Une nouvelle affaire pendante devant le Tribunal civil de Céret (Pyrénées-Orientales) va donner lieu à une autre application des conséquences tirées de la loi de frimaire an VII et de la loi de floréal an X.

l'enregistrement relative aux effets du bénéfice d'inventaire;
enfin, nous étudierons les origines de la législation spéciale en
matière d'enregistrement qui régit les ventes faites par l'Etat,
et nous montrerons l'application qui doit en être faite à l'espèce
qui nous occupe.

I

DU DROIT DE PROPRIÉTÉ DE L'ÉTAT.

L'Assemblée constituante, dans le décret des 22 novembre-
1er décembre 1790, avait posé les bases de la législation nouvelle sur le domaine de l'Etat, en transférant à l'être moral ou
collectif, formé du corps entier des citoyens, les droits qui se
confondaient jadis avec ceux du roi (1).

L'expression de *domaine national*, dont se servait l'Assemblée, recevait l'acception la plus large.

On y comprenait non seulement les biens appartenant à la
nation, à titre de propriété privée, mais ceux qui constituaient
le domaine public, celui de la couronne, etc.

Aujourd'hui, tout en conservant l'expression générale de domaine national, qui s'applique à tout, on a pris l'habitude de
distinguer par des noms plus précis les diverses parties de ce
domaine; mais les principes de souveraineté nationale n'ont
pas changé à leur égard.

Nous n'avons pas à nous occuper du *domaine public*, qui
est cette partie du domaine national qui n'est pas susceptible
d'appropriation privée, et qui se compose des biens énumérés
dans les articles 538 et 540 du Code civil. Disons seulement
que le trait caractéristique du *domaine public* consiste dans
l'indisponibilité absolue de ses dépendances.

Tout le reste du domaine national est, en principe, aliénable.
Il se compose des biens que l'Etat possède comme personne
morale à titre de propriétaire. On l'appelle aujourd'hui plus
spécialement domaine de l'Etat, et les biens qui le composent
prennent le nom de *biens domaniaux*.

______

(1) Dalloz et Vergé, *Code des lois politiques et administratives*, verbo *Domaine*, n° 7.

Parmi les biens domaniaux, il existe des immeubles qui sont affectés à un service public, et qui, pour cette raison, sont soumis à des règles spéciales. Etant étrangers à notre sujet, nous n'avons pas à en parler.

Ces diverses catégories éliminées, l'Etat possède, comme le ferait tout autre propriétaire, des biens domaniaux dont la quantité augmente ou diminue suivant les circonstances.

Le domaine de l'Etat s'augmente en effet par des achats, des échanges ou des libéralités (par donations ou legs), puisque l'Etat, être moral par excellence, a le droit d'acquérir (1).

Il a également le droit de se défaire des biens qu'il ne veut pas conserver.

Le principe de l'aliénabilité du domaine de l'Etat a été posé par les articles 8 et 36 du décret du 22 novembre-1er décembre 1790 et confirmé par la loi du 16 brumaire an V, seulement l'aliénation est en principe subordonnée à l'autorisation du pouvoir public.

Les immeubles domaniaux peuvent être aliénés par vente ou adjudication, par concession, par échange, etc.

Afin de ne pas laisser subsister encore une expression qui pourrait créer dans l'esprit une hésitation lorsqu'il s'agirait d'appliquer un texte, relevons enfin la qualification de *domaines nationaux* ou *biens nationaux*, qui s'appliquait plus spécialement à l'ensemble des biens confisqués et vendus en vertu des lois révolutionnaires. Ceux-ci rentrent encore absolument dans la catégorie des biens de l'Etat, puisque toutes les lois de l'époque s'appuient sur ce principe que la confiscation a eu lieu au profit de la nation. Du reste, il suffit de lire l'article 1er de la loi du 1er juin 1864, qui règle la vente des biens domaniaux, pour voir qu'il renvoie à diverses lois qui régissaient *la vente des biens nationaux* (2).

---

(1) L'article 14 de la loi de finances du 7 août 1850 édictait que les propriétés immobilières et revenus fonciers qui appartenaient à l'Université feraient retour au domaine de l'Etat, et cependant l'Université avait la personnalité civile, puisque l'article 132 du décret du 13 mars 1808 lui donnait le droit de recevoir des donations et legs (voir aussi le décret du 11 décembre 1808).

(2) Discussion de la loi du 1er juin 1864. M. Rouland, alors ministre, présidant le Conseil d'Etat, s'exprimait ainsi dans la séance du 14 mai 1864 (*Moniteur* du 15 mai) : Les biens nationaux tels que vous les indiquez étaient

Donc, en résumant ce qui vient d'être dit, nous n'aurons plus à nous préoccuper des diverses expressions que nous rencontrerons dans les textes, et nous pourrons dire désormais que *tous les biens* que possède l'Etat et qui ne font pas partie du domaine public, quelle que soit leur origine, sont des *biens domaniaux*.

II

ACQUISITIONS ET ALIÉNATIONS DES BIENS DE L'ÉTAT.

Si l'Etat jouit, en somme, sur les biens domaniaux, de tous les droits d'un propriétaire ordinaire, cependant il faut ajouter qu'à cause de sa situation particulière, des lois spéciales ont réglé, au point de vue de l'enregistrement, soit ses acquisitions, soit ses aliénations.

Quand l'Etat acquiert des biens, il n'est soumis à aucun droit de mutation.

L'article 70, § 2, de la loi du 22 frimaire an VII, s'exprime ainsi : *Les acquisitions faites par la République sont enregistrées gratis.*

Quand l'Etat aliène, il est perçu un droit, mais un droit spécial.

L'article 69, § VII, n° 1, de la même loi assujettit au droit de 4 francs par 100 francs : *Les adjudications, ventes, reventes, cessions, rétrocessions et tous autres actes civils et judiciaires translatifs de propriété ou d'usufruit à titre onéreux.*

Mais il ajoute : *La quotité du droit d'enregistrement des adjudications des Domaines nationaux sera réglée par des lois particulières.*

De là découle le principe à retenir, *que les adjudications de biens intéressant l'Etat ne peuvent jamais, quant à la perception des droits, être assimilées aux translations de propriétés entre particuliers.*

---

vendus depuis longtemps, même avant l'an IV ; d'ailleurs, à l'époque de l'an X, il n'y a plus de distinction possible : biens nationaux, biens domaniaux, cela veut dire tout ce qui est domaine de l'Etat, non affecté ou réservé, tout ce qui provient non seulement de confiscation, mais de toute autre origine. Il n'y a pas un doute possible sur ce point.

Si donc il s'agissait ici de biens légués à l'Etat en général, et ensuite vendus par lui, notre examen s'arrêterait là, et nous n'aurions plus qu'à étudier les lois spéciales qui régissent les ventes des biens domaniaux au point de vue de l'enregistrement et à en demander l'application.

Mais les biens de M. Estrade Delcros, au lieu d'être laissés par lui à l'Etat en général, ont été légués à l'Institut de France.

Afin d'établir que l'Institut de France est un des services de l'Etat et se confond par conséquent avec lui, il est bon de se faire une idée exacte de l'Etat et de poser en cette matière les vrais principes du droit public.

III

DU CARACTÈRE DE L'ÉTAT ET DES ÉTABLISSEMENTS PUBLICS.

On est trop disposé à oublier le caractère véritable de l'Etat, parce que l'esprit humain a quelque peine à concevoir une entité pareille. Aussi a-t-on pris insensiblement l'habitude d'incarner l'Etat dans des personnalités, tandis que le propre de cet être moral est précisément de n'être constitué par aucune de ses parties, mais seulement par leur ensemble indivisible. Si l'on pouvait tenter à cet égard une comparaison, on dirait : L'Etat est un être qui n'a point de corps, point de tête, point de centre, mais qui possède seulement des bras multiples, c'est-à-dire des organes d'exécution. En effet, où réside l'Etat? nulle part; où s'étend-il? partout.

Toute la série des pouvoirs sociaux, tous les fonctionnaires, du premier au dernier degré de la hiérarchie, ne sont que des rouages de l'organisme administratif; mais aucun, si élevé qu'il soit, ne peut dire séparément, comme Louis XIV avait la prétention de le faire : « L'Etat, c'est moi ! »

Ainsi, considéré tant au point de vue de la propriété qu'au point de vue du pouvoir, l'Etat n'est donc que l'ensemble des services publics qui répondent aux divers besoins de la nation, ou suivant une autre définition (1) : L'Etat, absorbant et per-

(1) Dalloz et Vergé, *Code annoté des lois politiques et administratives.*

sonnifiant tous les services publics, constitue une personne morale investie de la capacité civile.

Pour organiser ce fonctionnement, *l'Etat, c'est-à-dire les services publics qui procèdent de lui et qui sont sa représentation tangible, ont été amenés à créer des établissements publics répondant à certains besoins spéciaux.*

Les établissements publics, nous disent le savant professeur M. Ducrocq et la Cour de cassation, *font partie de l'organisation administrative ou judiciaire du pays ou se rattachent à certaines parties de cette organisation de la façon la plus intime. Ils représentent ainsi d'importants services publics, c'est-à-dire des parties intégrantes de l'Etat* (1).

C'est ainsi, par exemple, que le service de l'Instruction publique a créé des établissements publics répondant aux différentes branches de l'Enseignement supérieur et qu'on a appelés Facultés de l'Etat.

Mais s'il est un établissement se rattachant aussi à l'Instruction publique, qui ait autant et plus encore, s'il est possible, que les Facultés, le droit de se dire national, d'utilité générale, et de représenter l'Etat, c'est assurément celui qui porte le nom d'*Institut de France.*

IV

L'INSTITUT DE FRANCE. — SON CARACTÈRE.

Dalloz s'exprime ainsi : « L'Institut de France, où tous les » efforts de l'esprit humain sont comme liés en faisceaux, est » une des plus glorieuses créations de notre première Révo- » lution. »

« *Il y a pour toute la République, porte la Constitution* » *du 5 fructidor an III (22 août 1795), un Institut national,* » *chargé de recueillir les découvertes, de perfectionner les arts* » *et les sciences.* »

(1) Voir, dans ce sens, le rapport à la Cour de cassation de M. le conseiller Voisin et l'arrêt de la Chambre des requêtes du 28 octobre 1885 (D. P. 85. 1. 397), et également la décision de M. le Ministre des finances du 15 avril 1891 relative à la caisse des Invalides de la marine (*Répertoire périodique de l'Enregistrement,* août 1891, art. 7644).

L'avant-dernier jour de la Convention (3 brumaire an IV) parut la loi qui réalisa cette grande pensée.

« *L'Institut national des sciences et des arts,* lit-on dans l'ar-
» ticle 1ᵉʳ du titre 4 de cette loi, *appartient à toute la Républi-*
» *que ; il est fixé à Paris, il est destiné :* 1° *à perfectionner les*
» *sciences et les arts par des recherches non interrompues, par*
» *la publication des découvertes, par la correspondance avec les*
» *Sociétés savantes et étrangères ;*

» 2° *A suivre, conformément aux lois et arrêtés du Directoire*
» *exécutif, les travaux scientifiques et littéraires qui auront*
» *pour objet l'utilité générale et la gloire de la République.* »

Aux termes de la même loi, l'Institut rend compte tous les ans au Corps législatif des progrès des sciences et des travaux de chacune de ses classes, et l'article 8 s'exprime ainsi : *Le Corps législatif fixera tous les ans, sur l'état fourni par le Directoire exécutif, une somme pour l'entretien et les travaux de l'Institut national des sciences et des arts.*

« Deux pensées, » dit M. Ernest Renan (1), « préoccupèrent
» les hommes simples et grands qui conçurent le dessein de
» cette fondation toute nouvelle ; l'une, admirablement vraie,
» c'est que toutes les productions de l'esprit humain se tien-
» nent et sont solidaires l'une de l'autre ; l'autre, plus criti-
» quable, mais grande encore, et en tous cas tenant à tout ce
» qu'il y a de plus profond dans l'esprit humain, c'est que les
» sciences, les lettres et les arts sont une chose de l'Etat, une
» chose que chaque nation produit en corps, que la patrie est
» chargée de provoquer, d'encourager et de récompenser. »

Nous n'avons pas craint de citer ce passage, quoiqu'il ait l'air de critiquer quelque peu au point de vue philosophique le droit exclusif que l'Etat se réserve en cette matière, parce qu'il n'en affirme que davantage sa volonté généreuse et absolue de le faire.

L'organisation primitive de l'Institut national dura six ans. Elle fut complétée par la loi du 15 germinal an IV (4 avril 1796), puis modifiée sur des points de réglementation intérieure. Nous n'entrerons pas dans l'examen des diverses décisions des pouvoirs publics qui ont paru à ce sujet, pas plus que nous ne

(1) *Questions contemporaines,* p. 117 et suiv.

nous arrêterons aux changements de noms que les événements politiques ont amenés. L'Institut national des sciences et des arts est désigné par le simple nom d'Institut dans l'ordonnance des 21-28 mars 1816. Il s'appelle Institut royal de France dans l'ordonnance des 11-12 octobre 1832; Institut impérial de France dans le décret du 11 mai 1855; aujourd'hui, il porte le nom d'Institut de France.

Au fond, c'est toujours le même établissement poursuivant son rôle primitif à travers les diverses époques de notre histoire.

Nous nous bornerons donc à énoncer le principe en renvoyant aux textes (1) qu'aucune loi, depuis sa fondation, n'a changé le caractère de l'Institut de France et ne lui a fait perdre le nom d'établissement public que lui donnait l'article 41 de la loi sur l'instruction publique du 11 floréal an X, ainsi conçu : *Aucun établissement ne pourra prendre désormais les noms de Lycée et d'Institut. L'Institut national des sciences et des arts sera le seul établissement public qui portera ce dernier nom* (2).

Pour qu'on ne puisse pas nous reprocher d'avoir laissé dans l'ombre quelque question ayant un rapport avec notre démonstration, il nous reste à dire quelques mots *de la personnalité civile* de l'Institut, d'analyser en quoi elle consiste, d'étudier si la possession de la personnalité civile influe sur les rapports d'un établissement public avec l'Etat, au point de le rendre étranger à ce dernier.

V

DE LA PERSONNALITÉ CIVILE DES ÉTABLISSEMENTS PUBLICS.

Il ne faut pas se faire une fausse idée de la personnalité civile et s'imaginer à tort, comme on le fait parfois, que dès que celle-ci est accordée à un établissement public, elle a pour résultat de le séparer de l'Etat, d'en faire *en toutes choses* un

(1) Loi du 11 floréal an X, arrêté du 3 pluviôse an XI, ordonnance du 21 mars 1816, décret du 14 avril 1855, rapporté, décret du 12 juillet 1872.

(2) Si l'Institut Pasteur a pu prendre ce nom, c'est précisément parce qu'il n'est pas un établissement public, mais simplement d'utilité publique.

être moral à part. Créée par l'Etat, la personnalité civile est pour un établissement ce que l'Etat a voulu qu'elle fut. La personnalité civile n'est pas, en effet, une notion juridique absolue, ni toujours égale (1).

Elle est, au contraire, une notion relative variant avec chaque groupe d'établissement et appropriée à la nature de chacun d'eux. En un mot, elle ne change rien à la nature originelle d'un établissement créé par l'Etat; elle l'investit seulement de la faculté de faire certains actes, elle l'habilite à les faire par lui-même, sans en référer à tous instants à son auteur qui est l'Etat.

Une autre preuve s'évince à cet égard de ce qu'on a appelé la règle de la spécialité, qui limite le nombre des actes permis à un être moral, à ce qui lui compète d'après sa destination.

« La règle de la spécialité des attributions dévolues aux établissements publics démontre qu'ils n'ont été investis de la personnalité civile qu'en vue de l'accomplissement de leur fonction déterminée par la loi (2). »

C'est ce que le Conseil d'Etat a déclaré en 1881, et depuis dans toute une série d'avis qui constatent que les établissements publics n'ont été investis de la personnalité civile qu'en vue de la mission spéciale qui leur a été confiée par les lois et règlements (3).

Il en résulte un double principe, c'est que les établissements publics ne peuvent poursuivre aucun but étranger à leur mission, mais qu'ils sont aptes en même temps à faire par eux-mêmes les actes qui rentrent dans l'exercice de cette mission, sous le contrôle supérieur de l'Etat, dont ils continuent à dépendre.

Telle a bien été en effet la pensée du rapporteur au Sénat de la loi de finances des 28-29 avril 1893, M. le sénateur Boulanger, lorsque à propos de l'article 71 qui accorde la personnalité civile aux groupes des Facultés, il disait : « La création des » Universités, c'est principalement l'organisation des services

____

(1) M. Ducroq, *Revue du droit public*, t. I, 1894, p. 67, *De la personnalité civile en France du Saint-Siège*.

(2) Ducrocq, *op. citat.*

(3) Avis du Conseil d'Etat du 13 février 1837, *idem* des 13 avril, 7 et 13 juillet 1881 (D. P. 82. 3. 22).

» communs des Facultés et l'extension des laboratoires et des
» collections. C'est une partie de ce but auquel on veut attein-
» dre avec la personnalité civile du groupe des Facultés.

» On veut donner à cette personnalité civile le moyen de
» mieux organiser ses services, de donner une meilleure et
» plus complète utilisation de ce qu'on peut appeler l'outillage
» de l'enseignement. On demandait encore la création des
» Universités pour provoquer en leur faveur des libéralités
» particulières, c'est le même but auquel on tend par la créa-
» tion des personnalités civiles centralisant des Facultés. »

VI

DE LA PERSONNALITÉ CIVILE DE L'INSTITUT.

Tout ce que nous venons de rappeler de la personnalité civile des Facultés (1) s'applique à l'Institut de France; dès le
début, l'article 8 de la loi du 3 brumaire an IV avait décidé
que le Corps législatif fixerait tous les ans, sur l'état fourni
par le Directoire exécutif, une somme pour l'entretien et les
travaux de l'Institut national des sciences et des arts.

L'article 31 de la loi du 15 germinal an IV prescrivait peu
après que chaque classe nommerait deux membres qui seraient
dépositaires de ses fonds et chargés, de concert avec le bureau,
d'en faire la distribution, de surveiller l'impression des mémoires et toutes les dépenses de la classe, et l'article 33 ajoutait : « La commission formée de six membres dépositaires des
» fonds de chaque classe, sera *dépositaire des fonds* de l'Insti-
» tut et *chargée d'en faire surveiller l'emploi.* Elle en rendra
» compte tous les ans à l'Institut. »

Comme on le voit, c'est une personnalité civile bien peu ac-
centuée, mais où l'on retrouve déjà le principe d'une administration intérieure. Un peu plus tard, nous verrons reconnaître
à l'Institut le droit de posséder des biens, sans cesser pour cela
de faire partie de l'Etat.

____

(1) *Les dons et legs faits aux Facultés de l'Etat sont-ils assujettis au paye-*
ment des droits de mutation ? — Les legs Bouisson (Revue générale du droit,
t. XIX, 1895, p. 5).

L'article 43 de la loi du 11 floréal an X, sur l'instruction publique, déclare que « le gouvernement autorisera l'accepta- » tation des dons et fondations des particuliers en faveur des » écoles ou de tout autre établissement d'instruction publi- » que, » et par suite l'article 5 de l'ordonnance du 28 mars 1816 s'exprimera ainsi : « Les propriétés communes aux quatre » Académies et les fonds y affectés *seront réglés et administrés* » *sous l'autorité de notre ministre*, secrétaire d'Etat au dépar- » tement de l'Intérieur, par une commission de huit membres, » dont deux seront pris dans chaque Académie. »

Article 6. « Les propriétés et fonds particuliers à chaque » Académie seront régis en son nom, par les bureaux ou com- » missions instituées ou à instituer, et dans les formes établies » par les règlements. »

Ainsi, l'ordonnance établit une distinction entre les proprié- tés communes, c'est-à-dire les biens de l'Institut dont l'admi- nistration est placée sous l'autorité directe du ministre et les propriétés et fonds particuliers à chaque Académie.

Voici donc établi le droit de réglementation intérieure à côté de l'action de l'Etat.

Ce double principe se manifeste encore dans l'article 23 : « Il sera chaque année alloué au budget de notre ministre, se- » crétaire d'Etat de l'Intérieur, un fonds général et suffisant » pour payer les traitements conservés et indemnités aux mem- » bres, secrétaires perpétuels et employés des quatre classes de » l'Institut, ainsi que pour les divers travaux littéraires, les » expériences, impressions, prix et autres objets. Le fonds sera » réparti entre chacune des quatre Académies qui composent » l'Institut, selon la nature de leurs travaux, et de manière » que chacune d'elles ait la libre jouissance de ce qui sera as- » signé pour son service. »

Jusqu'en 1832, l'Institut était resté, pour diverses raisons, dans les attributions du Ministère de l'Intérieur. L'ordonnance du 11 octobre 1832 a réuni à bon droit ce service au Ministère de l'Instruction publique.

Ne trouvons-nous pas dans ce qui précède une analogie frap- pante avec les idées si bien exprimées en 1893, au sujet des groupes de Facultés, par M. le sénateur Boulanger, et que nous avons rapportées plus haut ?

Malgré les biens propres que peut posséder et administrer l'Institut, ses dépenses continuent à figurer au budget de l'instruction publique, et pour une somme de plus en plus importante.

Le budget de 1833 les porte pour 42,018 fr. 87; celui de 1870 pour 72,600 francs; celui de 1893 (loi du 28 avril 1893, tableaux annexes) pour 697,000 francs.

Entendu dans le sens que nous avons indiqué, et qui est le vrai, la personnalité civile ne touche pas au lien intime qui rattache l'établissement public à l'Etat qui l'a créé. Elle se borne à augmenter sa liberté d'action dans son organisation intérieure. Elle stimule la générosité des bienfaiteurs en faveur de tel ou tel établissement public de l'Etat qui les intéresse davantage, ce qui diminue d'autant les charges du trésor public.

L'Etat agit comme un père de famille qui abandonne à son fils la libre jouissance d'un pécule, mais qui n'en conserve pas moins son autorité vis-à-vis de lui.

L'ancienne Université avait reçu la personnalité civile. L'article 137 du décret du 17 mars 1808 lui avait accordé le droit de recevoir des donations et legs, et le décret du 11 décembre 1808 lui avait alloué une quantité considérable de biens provenant de l'ancien prytanée et d'autres établissements, et cependant l'article 14 de la loi de finances du 7 août 1850 ordonnait que les propriétés immobilières et revenus fonciers qui appartenaient à l'Université feraient *retour au domaine de l'Etat*.

N'est-ce pas une nouvelle démonstration à l'appui de notre raisonnement, et qui nous permet de dire que les immeubles possédés par l'Institut sont et demeurent quand même *des biens domaniaux* ?

Du reste, la question que la personnalité civile n'a pas pour résultat de détacher les établissements publics de l'Etat, et qu'au contraire ils restent ses organes et la manifestation de son pouvoir, résulte encore de l'apparition de la circulaire ministérielle du 10 avril 1895, que nous avons citée plus haut.

Cette circulaire a fait aussi cesser une question sur laquelle on revenait sans cesse. L'administration invoquait dans toutes ces questions l'article 17 de la loi du 18 avril 1831, qui abrogeait l'article 7 de la loi du 16 juin 1824, et soumettait au droit proportionnel les actes d'acquisitions et les donations et legs faits au profit des départements et arrondissements, communes, hospices, séminaires, fabriques, congrégations, consistoires et *autres établissements publics.*

Ce dernier terme erroné, puisque tous les établissements précités ne sont que des établissements *d'utilité publique,* arrêtait encore quelques personnes.

En 1831, comme en 1824, le langage juridique n'était pas fixé, et on disait indifféremment « établissements publics ou d'utilité publique ; » de même que l'article 539 du Code civil porte par erreur le mot « domaine public » au lieu de « domaine national. »

Notre époque a défini ces termes avec précision, comme l'ont si bien montré dans leurs savants travaux M. Batbie et M. Ducrocq, pour ne citer que deux des principaux jurisconsultes qui ont traité ces questions.

Le principe invoqué dans la circulaire est donc celui-ci : Il est reconnu que les Facultés jouissent, pour les actes de leur vie civile, des immunités réservées à l'Etat ainsi qu'aux établissements qui en dépendent. Du reste, l'administration de l'enregistrement elle-même a déjà fort bien fait ressortir ce principe en plusieurs occasions.

Bornons-nous à un exemple.

La décision du ministre des finances du 15 avril 1891, rendue conformément aux propositions de l'administration de l'enregistrement, déclare que la caisse des invalides de la marine constituant un service de l'Etat, les legs faits à son profit sont exemptés des droits de mutation par décès (1).

Par un argument *a contrario,* en renversant la proposition que nous venons de formuler, nous pourrons dire : Tout établissement qui jouit des immunités fixées par l'article 70, § 2 de la loi du 22 frimaire, an VII, c'est-à-dire qui ne paye pas de droit de mutation pour les dons et legs qu'il recueille, est l'Etat lui-même ou un établissement dépendant de l'Etat, ce qui est la même chose.

Appliquant ce raisonnement à l'Institut, nous dirons : Quand

______

(1) *Répertoire périodique de l'Enregistrement,* août 1891, art. 7644.

l'Institut de France a recueilli les biens de M. Estrade Delcros, il n'a eu, en sa qualité d'établissement public, a acquitter aucun droit de mutation.

Quand l'Institut a vendu ces mêmes biens recueillis par lui, il n'a pas changé de caractère; il l'a fait en sa qualité d'établissement de l'Etat, possesseur de biens domaniaux, comme nous l'avons expliqué plus haut.

Peu importe les causes ou la forme de la vente; c'est l'Institut qui figure comme vendeur, dans les procès-verbaux d'adjudication : c'est donc l'Etat qui vend.

Peut-on concevoir qu'un établissement public, qui est obligé de se faire autoriser par décret de M. le président de la République, le 15 mai 1893, pour accepter une libéralité et réaliser l'actif de la succession, est devenu quelques mois plus tard *un particulier*, par cela seul *qu'il aliène au lieu d'acquérir ?*

On peut dire, une fois la question réduite à ces termes, que la poser, c'est la résoudre dans le sens que nous poursuivons.

Nous avons déjà dit que les acquisitions faites par l'Etat étaient enregistrées gratis, mais que les aliénations étaient soumises à des droits spéciaux. Nous allons maintenant étudier d'abord le caractère général des lois en matière de ventes de biens domaniaux et ensuite examiner les droits appliqués par la législation particulière qui régit les ventes faites par l'Etat.

VII

CARACTÈRE DES LOIS EN MATIÈRE DE VENTES DE BIENS DOMANIAUX.

Par suite de la création du domaine national en vertu de la loi de 1790 et de la masse de biens confisqués au profit de la nation, l'Etat se trouva, à la fin du siècle dernier, propriétaire d'une quantité considérable de biens domaniaux.

Beaucoup de ces biens étaient improductifs : ils étaient mal gérés par l'Etat.

Voici, en effet, sur quoi s'appuyait la loi du 1er décembre 1790 pour en autoriser la vente :

« Considérant que le produit du domaine est aujourd'hui » trop au-dessous des besoins de l'Etat pour remplir la desti-

» nation primitive ; que la maxime de l'inaliénabilité, devenue
» sans motifs, serait encore préjudiciable à l'intérêt public,
» puisque des possessions foncières, livrées à une administra-
» tion générale, sont frappées d'une sorte de stérilité, tandis
» que, dans la main des propriétaires actifs et vigilants, elles
» se fertilisent, multiplient les subsistances, animent la circu-
» lation, l'industrie et enrichissent l'Etat... »

Et le rapporteur de la loi du 1er juin 1864, loi sur le mode d'aliénation des biens domaniaux, M. de Voize, ajoutait :

« Ainsi la Chambre le voit ; dès 1790 naissait dans l'Assemblée
» nationale une idée économique très juste, très sage : l'Etat
» n'est pas fait pour posséder et administrer des biens parti-
» culiers isolés, productifs et susceptibles de culture. Il peut
» posséder une grande masse de biens, comme des forêts,
» parce qu'ils réclament, pour leur bonne gestion, un per-
» sonnel nombreux et habile que le gouvernement institue et
» dirige ; mais lorsqu'il s'agit de biens qui ne sont pas affectés
» aux services publics, qui sont dans les mains de l'Etat
» comme tous les biens ordinaires existant dans celles des par-
» ticuliers, on peut dire que l'Etat n'est plus un administrateur
» actif, habile, pourvoyant à tout aussi bien que le citoyen
» gérant sa propre fortune. Il est désirable que ces biens, ren-
» trant dans la circulation, rentrent dans la possession des
» particuliers, afin que l'intelligence et le travail individuels
» viennent les féconder d'une manière plus rapide et plus sûre.
» Telle est la pensée de la loi de 1790 et bientôt vous allez la
» retrouver dans les lois ultérieures (1). »

De plus, la situation était difficile ; bientôt la guerre allait épuiser les ressources et l'Etat était obligé de compter sur la vente des biens domaniaux pour équilibrer les nombreuses dépenses de l'organisation nouvelle de tous les services.

Il fallait donc se défaire le plus promptement possible de toute cette masse de biens domaniaux. De là tout naturellement l'idée d'attirer par tous les moyens des acquéreurs. Un des plus naturels était d'accorder des délais pour se libérer, des

---

(1) *Rapport supplémentaire*, par M. de Voize, le 7 mai 1864. MONITEUR, *Annexe* (n° 334, supplément au 29 mai 1864). Voir aussi Duvergier, *Collection des lois*, t. LXIV, p. 206.

avantages à ceux qui payaient en numéraire et d'atténuer les charges des ventes faites par l'Etat.

Aussi verrons-nous au fur et à mesure que le nombre des biens à vendre diminuera et que l'Etat pourra pourvoir à ses charges sur ses recettes ordinaires, la législation devenir moins tolérante. C'est l'histoire des phases de la Révolution racontée par ses lois de finance.

Le titre des exceptions de la loi des 5-9 décembre 1790 porte que toutes les acquisitions de domaines nationaux faites par des particuliers ne seront assujetties qu'au droit fixe d'enregistrement de quinze sous, pendant cinq ans, tandis que la section VI de la 1re classe déclare les ventes, adjudications, cessions ordinaires, soumises au droit de quarante sous par cent livres.

La loi du 16 brumaire an V accorda aux acquéreurs de biens nationaux une foule de facilités. Ils n'avaient à payer qu'un demi-dixième du prix en numéraire dans les dix jours et avant la prise de possession, un autre demi-dixième dans les six mois, ensuite quatre dixièmes en quatre ans au moyen d'obligations ou cédules. Le restant du prix pouvait être acquitté en fournitures, bordereaux de liquidation de la dette publique, etc. L'article 19 de la loi fixait à 2 pour 100 de la moitié de la première mise, le droit d'enregistrement, mais il y ajoutait 1 pour 100 du prix de la première mise et 1/4 pour 100 sur le surplus du prix pour être distribués entre les administrateurs, les employés et le directeur de la régie des domaines de la manière prescrite par la loi du 28 ventôse an IV.

Il paraîtrait que les résultats ne furent pas encore assez satisfaisants, car la loi du 2 fructidor an V (19 août 1797) augmenta encore les facilités données aux acquéreurs, quant au mode de payement.

A son tour, la loi du 16 frimaire an VI faisait cesser, au point de vue de l'enregistrement, la différence qui existait entre le droit de vente pour les maisons, fixé par l'article 9 de la loi du 9 germinal an V à 0 fr. 25 par 100 francs, et celui pour les biens ruraux, fixé par la loi du 16 brumaire an V. Elle oblige à acquitter en numéraire les obligations souscrites, mais elle établit uniformément, pour les maisons comme pour les biens ruraux, le droit d'enregistrement à *dix centimes (deux sous) numéraire par cent francs* sur le prix entier de l'adjudication.

Bientôt survint la loi du 29 fructidor an VI, qui ordonna de surseoir à l'aliénation des biens nationaux; celle-ci fut reprise par la loi du 26 vendémiaire an VII.

Nous ne poursuivrons pas davantage l'étude des facilités de toutes sortes qui avaient été données aux acquéreurs de biens nationaux. Nous en avons dit assez pour dégager le principe que nous avions énoncé, pour montrer que l'Etat a un intérêt permanent, mais plus ou moins considérable suivant les circonstances, à ne pas conserver plus de propriétés qu'il ne lui est nécessaire, et, par conséquent, nous concluerons qu'aujourd'hui comme autrefois, il est à son avantage d'encourager, par certaines faveurs, les acquéreurs de biens domaniaux.

Du reste, cette tendance de traiter avec bienveillance tous ceux qui ont des relations avec le trésor public reparaît depuis quelque temps, et nous en pouvons citer un exemple dans un ordre d'idée voisin.

L'article 2 de la loi des 28-29 février 1872 avait soumis au droit gradué, dont le minimum était 5 francs, les adjudications et marchés énumérés sous le n° 9 de l'article 1er de la même loi, pour constructions, réparations, entretien, approvisionnements et fournitures dont le prix doit être payé directement par le trésor public.

L'article 19 de la loi de finances du 28 avril 1893, soumet ces mêmes marchés à un droit moins onéreux, au droit proportionnel de 0 fr. 20 %. N'est-ce pas un moyen certain d'attirer les fournisseurs vers les entreprises de l'Etat ?

VIII

EXAMEN DES LOIS D'ENREGISTREMENT EN MATIÈRE DE VENTES
DE BIENS DOMANIAUX.

Des nombreuses lois que la Révolution avait été amenée à promulguer pour réglementer la vente des biens nationaux, quatre lois ont subsisté et sont encore en vigueur.

Elles sont postérieures à la loi du 26 vendémiaire an VII, qui, après avoir édicté de nouvelles mesures pour la vente des biens nationaux, déclare, dans son article 14, que : *les actes de vente en vertu de la présente sont sujets au droit d'enregistrement de deux pour cent.*

Cette loi énonce un taux qui sera désormais conservé dans toutes les autres lois suivantes, sauf celle du 27 brumaire an VII, qui exige le payement en numéraire, mais, par contre, abaisse de nouveau le droit à 1 %. Son article 16 ajoute 1/2 % en numéraire pour les autres frais, mais cette loi du 27 brumaire n'a pas été maintenue.

Loi du 15 floréal an X. — Nous arrivons à la loi du 15 floréal an X (15 mai 1802). Elle a un caractère spécial que nous avons étudié plus haut, quand nous avons parlé du droit de propriété de l'Etat. Nous avons cité en note, à son sujet, l'opinion de M. Rouland, ministre, président du Conseil d'Etat, en 1864. Le caractère spécial de la loi de l'an X, c'est qu'elle n'est plus motivée par des situations exceptionnelles. Son titre seul, pour ainsi dire, l'indique déjà : *loi qui détermine un nouveau mode pour les ventes des fonds ruraux appartenant à la nation.* Ainsi il n'est plus question, dans ce titre, des biens nationaux, c'est-à-dire des biens provenant spécialement des confiscations, il s'agit de tous les immeubles appartenant à la nation, sans qu'on en indique l'origine. Il s'agit, comme nous l'avons fait remarquer, de tous les biens domaniaux, quel qu'ait été le mode par lequel ils se sont incorporés au domaine de l'Etat.

Dès lors, il n'est pas étonnant que la loi de l'an X, répondant à une idée générale, ait été maintenue jusqu'à nos jours, alors que disparaissaient la plupart des lois d'exception.

L'article 6 de la loi du 15 floréal an X s'exprime ainsi : « Les adjudicataires seront tenus de payer le droit d'enregis- » trement dans les vingt jours de l'adjudication, à raison de » deux pour cent. Tous autres frais de vente demeurent à la » charge de la République. »

L'article 12 et dernier ajoute : « Seront au surplus, les lois » relatives à la vente des domaines nationaux exécutées dans » toutes celles de leurs dispositions qui ne renferment rien de » contraire à la présente, » ce qui vise la loi du 26 vendémaire an VII.

Loi du 5 ventôse an XII. — L'article 105 de la loi du 5 ventôse an XII prescrit un autre mode de fixation des mises à prix des domaines nationaux mis en vente, mais l'article 112 confirme l'application des lois des 15 et 16 floréal an X.

La loi de l'an XII est toujours en vigueur, car c'est précisément son article 88 qui renvoie devant les tribunaux de 1re instance les contestations qui s'élèvent en matière de payement des droits perçus par la régie de l'Enregistrement.

Loi des 18-22 mai 1850. — Après ces lois qui servent de base, s'écoule un long intervalle d'années, puis apparaît la loi du 18 mai 1850, et son article 2 s'exprime ainsi : « Les lois des » 15 et 16 floréal an X continueront d'être exécutées en tout » ce qui n'est pas contraire au présent article (il s'agissait des » délais et du payement avec intérêts du prix des adjudica- » tions). »

Loi du 1er juin 1864. — Nous arrivons à 1864, époque à laquelle apparaît une loi *qui règle le mode d'aliénation des immeubles domaniaux.*

L'article 1er de la loi du 1er juin 1864 s'exprime ainsi : « Continueront à être vendus aux enchères publiques, dans les » formes déterminées par les lois des 15 et 16 floréal an X, 5 ven- » tôse an XII, et 18 mai 1850, les immeubles domaniaux autres » que ceux dont l'aliénation est régie par des lois spéciales. » Toutefois, l'immeuble qui, en totalité, est d'une valeur esti- » mative supérieure à un million ne pourra être aliéné même » partiellement ou par lots, qu'en vertu d'une loi. »

Quoique cette loi ne fasse guère que s'en référer aux lois précédentes et confirmer qu'elles sont toujours en vigueur et applicables à ce qu'on appelle désormais les immeubles domaniaux, elle n'en était pas moins nécessaire.

Une question s'était en effet posée. Il paraissait difficile d'admettre que le pouvoir public pouvait continuer à vendre par simple voie administrative les biens domaniaux, toujours en vertu de la loi du 16 brumaire an V, car les ventes prévues et autorisées par cette loi étaient depuis longtemps réalisées. De là la loi de 1864 et la restriction pour les immeubles dépassant la valeur d'un million.

En résumé, nous nous trouvons en présence d'un droit d'enregistrement édicté par l'article 6 de la loi du 15 floréal an X, toujours en vigueur, et applicable à tous les modes d'adjudications d'immeubles domaniaux; ce droit est de 2 fr. °/₀. C'est lui qui doit être appliqué, et qui doit seul être appliqué aux ventes faites par l'Institut, qu'elles soient administratives ou judiciaires. Pourquoi distinguer ?

IX

DE LA TAXE DE 0 FR. 25 % SUR LES ADJUDICATIONS JUDICIAIRES.

Loi du 26 janvier 1892. — Nous avons vu que l'article 69, § VII, n° 1 de la loi du 22 frimaire an VII a prescrit que la qualité du droit d'enregistrement des adjudications des domaines nationaux *sera réglée par des lois particulières.*

Nous avons également relevé, dans l'article 6 de la loi du 15 floréal an X, qu'à l'exception du droit d'enregistrement de 2 % *tous autres frais de vente demeurent à la charge de la République.*

En présence de ces deux principes si absolus et si clairs, pouvons-nous admettre que sans une indication spéciale, formelle, qui n'existe pas dans la loi du 26 janvier 1892, *l'Enregistrement veuille ajouter, à une vente qui échappe par sa nature aux règles ordinaires,* le droit proportionnel de 0 fr. 25 % prévu par l'article 16 et qui frappe les adjudications d'immeubles renvoyées devant notaire commis par décision de justice sur le prix augmenté de toutes les charges? Ou ce droit proportionnel n'est pas dû, ou il est à la charge de l'Etat ! Il en serait de même de *tous droits d'enregistrement* qui dépasseraient le droit uniquement dû de 2 %.

C'est donc à tort encore que l'administration de l'Enregistrement a méconnu sur ce point le caractère spécial des ventes intéressant l'Etat, et a perçu cette taxe.

Nous ne saurions au contraire critiquer la perception des décimes.

Nous nous trouvons sur ce point en présence de textes dont les expressions générales englobent tous les droits ; les lois, depuis celle du 6 prairial an VII jusqu'à celle du 23 août 1871, ayant prescrit d'ajouter deux décimes et demi *à tous les droits et produits dont le recouvrement est confié à l'administration de l'enregistrement.*

X

DES EFFETS DU BÉNÉFICE D'INVENTAIRE.

L'administration de l'enregistrement a rejeté, le 12 juillet 1895, la pétition adressée par les acquéreurs en restitution du droit de vente de 5 fr. 50 et de la taxe de 0 fr. 25 °/₀ perçus sur les prix de leurs adjudications.

Voici les motifs invoqués à l'appui de cette décision : « L'ar-
» ticle de la loi du 15 floréal an X constitue, » dit l'enregistrement, « une disposition exceptionnelle s'appliquant exclusi-
» vement aux ventes des immeubles dont la propriété *absolue*
» et *définitive* appartient à l'Etat, et ne pouvant être étendue
» par analogie aux ventes de tous autres biens qui n'ont pu
» être définitivement incorporés au domaine national et dont
» l'aliénation ne doit pas nécessairement avoir lieu dans la
» forme et aux conditions spéciales exigées pour la vente des
» biens de l'Etat.

» Or, du moment que la succession n'a été acceptée que sous
» bénéfice d'inventaire, l'effet de cette acceptation a été d'iso-
» ler complètement le patrimoine du légataire de celui de la
» succession.

» Il est de principe, en effet, que ces deux patrimoines ne
» se confondent jamais tant que subsiste l'acceptation bénéfi-
» ciaire; et cette séparation est si complète qu'elle a fait dire
» à Pothier que « l'héritier bénéficiaire est représenté vis-à-vis
» du créancier et du légataire, plutôt comme un administra-
» teur des biens de la succession que comme l'héritier et le
» propriétaire de ces biens » (Introduction au chap. XVII de la
» coutume d'Orléans, n° 49, *Des success.*, chap. III, sect. 3,
» art. 2, § 4). Il est donc sans intérêt d'examiner si les biens
» de l'Institut peuvent être assimilés à des biens de l'Etat,
» puisque les immeubles adjugés n'étaient pas entrés dans son
» patrimoine.

» Le cahier des charges dressé en vue de l'adjudication rap-
» pelle d'ailleurs en termes formels que l'Institut était autorisé
» à aliéner les immeubles mis en vente *dans les formes pres-*
» *crites par la loi*, c'est-à-dire non dans les formes exception-

» nelles de l'aliénation des biens de l'Etat, mais dans la forme
» du droit commun *et comme biens de succession bénéficiaire.* »

Dans ces conditions, la perception effectuée le 20 septembre 1893 a été maintenue.

La première partie de la décision précitée veut créer une disposition qui n'existe pas dans la loi du 15 floréal an X taxée à tort d'exceptionnelle. Suivant l'administration, cette loi ne serait applicable qu'aux ventes d'immeubles dont la propriété *absolue* et *définitive* appartient à l'Etat. *Aucun texte ne le dit.*

Si une pareille théorie, qui renverse toutes les lois d'hérédité, était admise, tout héritier bénéficiaire qui ne conserverait pas des biens qu'il a recueillis et qui se hâterait de les vendre, pourrait soutenir qu'il ne s'est pas opéré de mutation en sa faveur et refuser d'en payer les droits. Or, l'héritier même bénéficiaire doit les droits de mutation. Que le legs fait à l'Institut ait été exempté de tous frais envers le trésor et enregistré gratis, conformément à la loi du 22 frimaire an VII et à la décision ministérielle du 11 juin 1823, peu importe à l'Administration ! Ce n'est qu'une faveur spéciale au point de vue de la perception des droits, commune à toutes les acquisitions de l'Etat.

Mais, répondrons-nous, cette faveur, loin de faire échec aux principes de notre droit civil, les confirme au contraire. Si la propriété n'avait pas reposé un instant, si court qu'il soit, sur la tête de l'Institut, il ne se serait pas produit de mutation entre cet établissement et son donateur. Comment, dès lors, aurait-on eu besoin de dispenser un établissement de payer des droits qui n'auraient pas leur raison d'être?

L'administration déduit sa théorie de ce que la succession n'a été acceptée par l'Institut que sous bénéfice d'inventaire, *ce qui*, dit-elle, *isole complètement le patrimoine du légataire de celui de la succession.*

Il n'est pas permis de substituer une pareille formule aux termes précis de l'article 802 de notre Code civil dont voici le texte :

« L'effet du bénéfice d'inventaire *est de donner* à l'héritier l'avantage : 1° de n'être tenu des dettes de la succession que jusqu'à concurrence de la valeur des biens qu'il *a recueillis,* même de pouvoir se décharger du payement des dettes *en abandonnant* tous les biens de la succession aux créanciers et aux légataires ; 2° *de ne pas confondre ses biens personnels* avec ceux de la succession, et *de conserver le droit* de réclamer le payement de ses créances. »

Tous ces avantages, quand on relit cet article avec soin, sont tous exclusivement faits dans *l'intérêt de l'héritier*, ils ne peuvent être retournés contre lui. Ainsi, *c'est lui* qui ne confond pas ses biens personnels avec ceux de la succession ; mais nulle part, nous ne trouvons que l'effet du bénéfice d'inventaire consiste en ceci, que les biens de la succcession n'entrent pas dans les biens de l'héritier ; sans cela, comment serait-il héritier ?

Demolombe, vol. III, p. 162, nous dit : « L'héritier, même » bénéficiaire, n'en est pas moins toujours, même vis-à-vis des » créanciers et des légataires, *le successeur du défunt ;* et il » doit, dès lors, en cette qualité de successeur, être tenu de » ses obligations ; l'exécution peut être demandée contre lui ; » seulement, le bénéfice d'inventaire produit cet effet essentiel » qu'il n'en est tenu qu'en sa qualité d'héritier bénéficiaire et sur » les biens seulement qu'il a trouvés dans la succession. » (Cassation, 17 mars 1852, de Lamarthonie, Dev., 1852, 1, 455 ; Paris, 23 nov. 1865 ; Reims, Dev., 1866, 11, 7.)

« Voilà, » ajoute Demolombe, « en quel sens il faut entendre » ce que Pothier écrivait dans l'introduction au titre XVII de » la *Coutume d'Orléans.* »

Dans notre droit actuel, l'Institut, légataire universel, ne se trouvant pas en présence d'héritiers à réserve du donateur a eu de plein droit *la saisine,* d'après l'article 1006. Le bénéfice d'inventaire pourrait-il lui faire perdre ce droit ? Qui oserait le soutenir ?

En présence des articles 1009 et 1012, qui emploient pour les légataires universels les mêmes termes que l'article 873 à l'égard des héritiers légitimes ; en présence des articles 967 et 1002 qui prouvent également que les legs universels sont assimilés aux institutions d'héritiers, on voit que l'hérédité n'est autre chose que l'universalité juridique des droits actifs et passifs du défunt. Quiconque recueille en tout ou en partie l'universalité de ses droits, est traité désormais comme le représentant du défunt, *loco hæredis,* parce qu'il possède *l'universum jus quod defunctus habuit.* L'article 774 a des termes absolus : Une *succession peut être acceptée* purement et simplement ou sous bénéfice d'inventaire.

Ainsi, c'est à tort que l'administration prétend faire revivre la vieille définition d'ailleurs peu affirmative de Pothier.

Si, dans un sens, l'héritier bénéficiaire est en quelque sorte un administrateur de la succession, il a une qualité qui prime toutes les autres : il est héritier, et c'est sur sa tête que la mutation de propriété s'est faite. Et la preuve, c'est que s'il perdait, par suite de quelque circonstance, les avantages attachés à sa qualité d'héritier bénéficiaire, ou s'il y renonçait volontairement, il demeurerait héritier pur et simple, *ipso facto.*

Il ne faut pas confondre, comme le fait l'administration, le bénéfice d'inventaire réglé par l'article 802, au profit de l'héritier, avec la séparation des patrimoines prévue par l'article 878, qui est dans l'intérêt seulement des créanciers de la succession. De tous temps et dès leur origine, ces deux bénéfices sont distincts et indépendants. Ils furent introduits à Rome à des époques différentes et dans des vues qui n'étaient pas les mêmes. Ils ont conservé à travers les temps leur individualité spéciale et leur caractère propre ; ils figurent dans notre Code dans deux sections différentes. L'un est dans l'intérêt seulement de l'héritier : c'est le bénéfice d'inventaire ; l'autre, dans l'intérêt seulement des créanciers de la succession et des légataires : c'est le bénéfice de la séparation des patrimoines.

Si la jurisprudence, empiétant sur le pouvoir législatif, a décidé que le bénéfice d'inventaire par lui-même emportait comme un droit acquis, au profit *des créanciers de la succession et des légataires,* le bénéfice de la séparation des patrimoines, elle a voulu dire que ceux-ci sont dispensés de prendre inscription dans les six mois fixés par l'article 2111 du Code civil. (Cass., 18 juin 1833, 29 juin 1853, 3 août 1857 et 8 juin 1863.)

C'est déjà trop, beaucoup trop, et il en est résulté un système incohérent, puisqu'on ne pouvait pas changer les textes mêmes de notre Code.

C'est ce qu'ont démontré Demolombe, t. III, du *Traité des successions,* p. 184, n° 2 et suivantes, p. 189 ; Demante, t. III, n° 125 *bis* ; Ducaurroy, Bonnier et Roustaing, t. II, n° 763 ; Marcadé, art. 881, n° 7.

Mais aller plus loin et soutenir que le bénéfice d'inventaire a pour résultat de produire la séparation des patrimoines, *non plus* seulement *à l'égard des créanciers*, mais *d'une façon absolue, à l'égard de tout le monde*, c'est ce qui ne s'était pas encore vu.

A supposer qu'une pareille doctrine pût être admise, on en arriverait à la singulière conséquence que voici :

Dès qu'il aurait vendu assez de domaines pour satisfaire les créanciers, l'Institut aurait pu conserver les autres ou ne les vendre que plus tard. Comme il n'y aurait plus eu de créanciers, l'Institut n'aurait plus eu besoin de n'accepter les biens que sous bénéfice d'inventaire, ceux-ci seraient entrés dans son patrimoine. Est-il possible d'établir cette distinction ? Est-ce que l'article 1003 n'établit pas la vocation du légataire universel à l'universalité de la succession, sans distinguer ceux qui serviront à payer les créanciers ?

En résumé, l'Institut étant légataire universel, tous les droits qu'il a recueillis sont passés sur sa tête, tous les biens sont entrés dans son patrimoine, c'est-à-dire qu'ils se sont incorporés au domaine de l'Etat, et ont donné lieu à une mutation pour laquelle seulement il a été *dispensé* de payer les droits. La séparation des patrimoines eût-elle eu lieu ou eût-elle été demandée, elle n'aurait eu d'effet qu'en faveur des créanciers et légataires de la succession qui, aux termes de l'article 806, sont délégués sur le prix de vente.

L'enregistrement est-il créancier de la succession pour demander la séparation du patrimoine ? Non, puisque le légataire universel doit personnellement les droits de mutation et même *ultra vires successionis.*

Il est difficile de comprendre la portée du dernier argument invoqué par l'administration. Elle voudrait en trouver un dans ces mots du cahier des charges, que : « l'Institut est autorisé à aliéner les immeubles mis en vente, *dans les formes prescrites par la loi.* Mais il a été *d'abord* autorisé à accepter la succession. »

Ces termes généraux peuvent tout aussi bien se rapporter aux formes de l'aliénation des biens de l'Etat qu'à la vente des biens de succession bénéficiaire. Cela ne touche pas au principe primordial de la mutation qui s'est opérée au profit de l'Institut. Bien plus, ils démontrent une fois encore que l'aliénation est faite par l'Institut. Comment cet établissement pourrait-il aliéner ce qui ne serait pas à lui et par conséquent à l'Etat, comme nous l'avons démontré?

En résumé, il ne s'agit pas, en l'espèce, de ventes de biens appartenant à des particuliers et soumises aux droits ordinaires, les immeubles vendus étant la propriété de l'Institut pour les avoir recueillis en qualité de légataire universel, dans la succession de M. Estrade-Delcros.

L'Institut de France est un établissement public et ses biens se confondent avec ceux de l'Etat dont il relève directement. C'est à ce titre que l'Institut de France a bénéficié de l'exemption des droits de mutation.

Cette exonération suffirait à elle seule pour établir le *caractère domanial* des biens vendus par l'Institut.

En effet, les établissements publics, même revêtus d'une personnalité civile, n'en conservent pas moins le caractère de représentants de l'Etat dont ils sont partie intégrante. Les biens qu'ils possèdent et qu'ils administrent librement n'en font pas moins partie du patrimoine général de l'Etat qui a pu, en certain cas, exiger le retour des biens appartenant à des établissements publics, même revêtus de la personnalité civile tels que l'ancienne Université.

Etant donnés ces faits, l'Institut de France ne change pas de caractère et ne cesse pas d'être un établissement public lorsqu'il est vendeur des mêmes biens qu'il a recueillis et qui sont devenus la propriété de l'Etat. Il n'y a pas lieu, en effet, de s'arrêter à la prétendue objection tirée des effets du bénéfice d'inventaire et de la séparation des patrimoines qui ne sauraient renverser la règle *semel hæres, semper hæres*, puisque ces dispositions ne sont édictées qu'en faveur de l'héritier ou des créanciers d'une succession.

Ceci posé, du moment qu'il s'agit de ventes de biens domaniaux, ce sont les lois du 22 frimaire an VII, du 15 floréal an X, du 5 ventôse an XII et du 1er juin 1864, qui régissent les adjudications de ces biens.

En conséquence, *le droit seul applicable pour toutes les ventes de biens domaniaux administratives ou judiciaires est le droit unique de 2 °/₀ plus les décimes.*

Dès lors, la taxe de 0 fr. 25 °/₀ qui frappe les adjudications

d'immeubles renvoyés devant notaire commis par décision de
justice, pas plus que tout autre droit proportionnel ou tout
autre frais de vente, ne peut être réclamée à l'acquéreur de
biens vendus par des établissements publics (1).

(1) Ces conclusions, développées dans un mémoire soumis par nous au Tribunal civil de Perpignan à la fin de 1895, dans la demande dirigée par MM. Vallarino, Talairach et Vidal contre l'Enregistrement en restitution de droits indûment perçus, ont été adoptées pleinement par le Tribunal, et l'Administration a renoncé à se pourvoir en Cassation contre cette décision. Voici le texte du jugement prononcé par le Tribunal civil de Perpignan le 22 avril 1896 :

« Attendu que, pour repousser la demande Vallarino, Talairach et Vidal, la Régie soutient :

1° Que les biens par eux acquis n'avaient pas le caractère de biens domaniaux ;

2° Que ce caractère leur fût-il reconnu, l'article 6 de la loi du 15 floréal an X ne serait pas applicable, les formalités de vente administrative n'ayant pas été suivies ;

3° Qu'enfin, lors de l'adjudication, les adjudicataires n'ont fait aucune réserve, et ont ainsi accepté les conséquences des ventes judiciaires ordinaires.

Que ces diverses prétentions ne sont pas fondées :

Sur le premier argument :

Attendu qu'on ne saurait sérieusement contester que l'Institut de France soit un service de l'Etat et se confonde avec lui ;

Que la Régie paraît l'avoir reconnu elle-même, puisqu'au décès d'Estrade elle a dispensé l'Institut du payement des droits de mutation et l'a fait bénéficier des dispositions de l'article 70 de la loi du 22 frimaire an VII, qui vise les acquisitions faites par la République ;

Attendu que vainement la Régie soutient que, par suite de l'acceptation bénéficiaire, les biens de la succession Estrade ne sont pas entrés dans le patrimoine de l'Institut, étant seuls domaniaux ceux pour lesquels la propriété de l'Etat est absolue et définitive ;

Attendu que cette théorie est basée sur une fausse interprétation des effets du bénéfice d'inventaire ; qu'il est, en effet, indiscutable, et la Régie en convient, que la qualité d'héritier bénéficiaire n'empêche point que la saisine légale ne se soit produite au profit de l'Institut, et qu'il ne soit devenu propriétaire des biens successoraux ;

Que, si à raison de l'acceptation bénéficiaire, les biens personnels de l'Institut ne se sont pas confondus avec ceux de la succession, il ne s'ensuit pas qu'il ait cessé d'être propriétaire de ces derniers ;

Qu'au surplus aucun texte législatif n'exige que la propriété de l'Etat soit absolue et définitive, pour que la loi du 15 floréal an X soit applicable ;

Sur le deuxième argument :

Attendu qu'il importe de bien se pénétrer du but qu'a poursuivi le législateur quand il a décidé, par l'article 6 de la loi du 15 floréal an X, qu'à l'exception du droit d'enregistrement de 2 %, tous autres frais de vente de biens domaniaux seraient à la charge de la République ;

Qu'il s'est uniquement préoccupé de procurer l'élévation du prix des ventes et d'encourager les enchères ;

Qu'il est évident que ce but peut aussi bien être poursuivi et atteint dans les ventes judiciaires que dans les ventes administratives ;

Attendu, cela étant, qu'aucun texte explicite n'exclut de la faveur du droit de 2 °/₀ les ventes judiciaires ; que cette faveur est concédée, en termes généraux, aux adjudicataires des domaines nationaux par la loi du 15 floréal an X, en vertu du principe posé par l'article 69, paragraphe 7, 1ᵉʳ et 3ᵉ alinéas de la loi du 22 frimaire an VII ; que la Régie ne saurait exciper de l'article premier de la loi du 1ᵉʳ juin 1864, l'espèce actuelle établissant que les biens domaniaux peuvent être aliénés autrement qu'en la forme administrative ;

Sur le troisième argument :

Attendu que cet argument est si spécieux que la Régie n'a point osé en déduire la conséquence logique et soutenir sérieusement que les demandeurs étaient forclos dans leurs réclamations ; qu'il paraît oiseux et inutile de discuter l'objection finale de la Régie, et que, dans l'intérêt des demandeurs, il suffit de répondre que leur seule prétention d'enchérir ne leur donnait pas qualité pour demander et obtenir modification au cahier des charges ;

Attendu, dès lors, qu'il y a lieu de dire de droit à la demande de Vallarino, Talairach et Vidal, en décidant que la Régie a perçu à tort un droit principal de 5 fr. 50 °/₀, plus les décimes, sur leurs adjudications, que ce droit n'est que de 2 °/°, augmenté des décimes ;

Attendu que les dépens sont à la charge de la partie qui succombe ;

Par ces motifs :

Le Tribunal,

Jugeant publiquement, contradictoirement et en dernier ressort ;

Vu les mémoires respectivement signifiés les 2, 6 et 16 novembre 1895 ;

Ouï M. Pintard, juge, en son rapport, à l'audience publique du 8 janvier 1896, et M. le Procureur de la République en ses conclusions verbales et motivées ;

Dit et juge qu'il a été perçu à tort un droit principal de 5 fr. 50 °/₀ sur le montant des adjudications des 7 avril 1893, 11 septembre 1893 et 16 octobre 1893 ; qu'il n'était dû que le droit principal de 2 °/₀. augmenté des décimes ;

Condamne, en conséquence, la Régie à rembourser :

1° A Vallarino, la somme de 21,750 francs ;

2° A Talairach, la somme de 12,937 fr. 50 ;

3° A Vidal, celle de 1,160 fr. 63 ;

La condamne, en outre, aux dépens. »

Avocat des demandeurs : Mᵉ Itier (du barreau de Montpellier).

9 782013 349994